초ㅋ

교과서 달달 쓰기

초등 국어

2-1

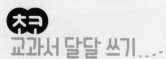

바른 글자 쓰기와 받아쓰기,
초등 어휘력 확장을 돕는

초ㄱ
교과서 달달 쓰기

WRITERS

미래엔콘텐츠연구회
No.1 Content를 개발하는 교육 콘텐츠 연구회

COPYRIGHT

인쇄일 2024년 1월 22일(1판1쇄)
발행일 2024년 1월 22일

펴낸이 신광수
펴낸곳 (주)미래엔
등록번호 제16-67호

융합콘텐츠개발실장 황은주
개발책임 정은주 **개발** 송승아, 한솔, 박누리, 백경민

디자인실장 손현지
디자인책임 김기욱 **디자인** 이명희

CS본부장 강윤구
제작책임 강승훈

ISBN 979-11-6841-617-8

매일매일
스스로
공부해요.

바르고
예쁘게
글씨 써요.

받아쓰기
실력을
높여요.

국어 공부는 낱말을 정확하게 알고,
바르게 쓰는 것에서 시작해요.
"초코 교과서 달달 쓰기"와 함께
매일매일 교과서 속 낱말을 쓰고,
교과서 밖 다양한 낱말까지 익히면
국어 실력을 탄탄하게 쌓을 수 있어요.

자, 이제 예쁘게 깎은 연필 한 자루를 손에 쥐고
또박또박 쓰기 시작해 볼까요?

이 책의 구성

1단계 낱말 확인하기

2단계 낱말 변별하기

● **교과서 속 낱말을 따라 쓰며 확인해요.**

교과서에는 단원별로 꼭 알아야 할 내용들이 있어요. 그림과 함께 교과서의 핵심 내용을 공부하고, 바르게 따라 써 보아요.

쓰기 칸에 맞추어 낱말을 따라 쓰다 보면 저절로 교과서 내용을 기억할 수 있어요.

● **놀이형 문제를 풀며 알맞은 낱말을 찾아 써요.**

낱말이 쓰인 상황이나 그림을 살펴보고, 그에 알맞은 낱말이 무엇인지 찾는 연습을 해 보아요. 그리고 잘못 쓴 부분을 바르게 고쳐 써 보아요.

알맞은 낱말 찾기 활동으로 낱말의 바른 모양을 제대로 알고, 바르게 쓰는 습관을 기를 수 있어요.

교과서 낱말과 문장, 학년별로 꼭 알아야 하는
중요 낱말을 매일 꾸준히 쓰면서 익히면
쓰기력과 어휘력을 한 번에 향상시킬 수 있어요!

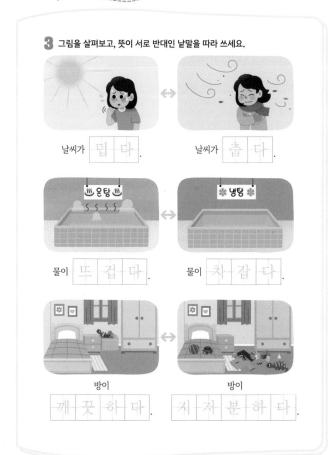

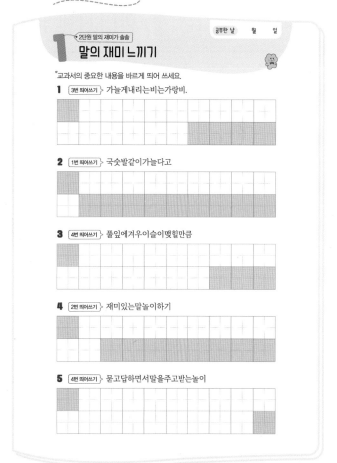

● 다채로운 낱말을 또박또박 바르게 써요.

저학년이 반드시 알아야 할 중요 낱말을 쓰면서 낱말의 뜻, 뜻이 반대인 낱말, 뜻이 비슷한 낱말, 맞춤법, 발음, 띄어쓰기, 기초 문법 등을 함께 익혀요.
그리고 생각이나 상황을 나타내는 문장에 알맞은 낱말을 쓰면서 표현하는 자신감을 얻을 수 있어요.

● 교과서 속 문장을 쓰며 받아쓰기 연습을 해요.

단원별로 공부한 낱말이 쓰인 교과서 속 문장을 천천히 따라 써 보아요.
문장을 통째로 따라 쓰면 낱말의 쓰임을 제대로 확인해 볼 수 있고, 띄어쓰기를 하는 방법도 익히게 되어 받아쓰기 시험 준비도 탄탄하게 할 수 있어요.

이 책의 차례

공부 계획표

부모님과 공부 계획을 세워 보세요! 실천한
날은 초코 쿠키에 예쁘게 색칠하세요.

출발

1일차
1단원
6~9쪽

월 일

2일차
1단원
10~13쪽

월 일

3일차
2단원
14~17쪽

월 일

8일차
3단원
34~37쪽

월 일

7일차
3단원
30~33쪽

월 일

6일차
3단원
26~29쪽

월 일

5일차
2단원
22~25쪽

월 일

4일차
2단원
18~21쪽

월 일

9일차
4단원
38~41쪽

월 일

10일차
4단원
42~45쪽

월 일

11일차
4단원
46~49쪽

월 일

12일차
5단원
50~53쪽

월 일

13일차
5단원
54~57쪽

월 일

18일차
7단원
74~77쪽

월 일

17일차
6단원
70~73쪽

월 일

16일차
6단원
66~69쪽

월 일

15일차
6단원
62~65쪽

월 일

14일차
5단원
58~61쪽

월 일

도착

19일차
7단원
78~81쪽

월 일

20일차
8단원
82~85쪽

월 일

21일차
8단원
86~89쪽

월 일

22일차
8단원
90~94쪽

월 일

1단원 만나서 반가워요!

1. 말차례를 지키며 대화하기

말차례란 말을 주고받을 때 말하는 사람과 듣는 사람이 지키는 순서예요. 말차례를 지키며 대화하는 방법을 알아보아요.

요즘 수영을 배우고 있는데, 너무 …….

나도 수영 배웠어! 재미가 없었어. 태권도가 최고야. 너도 태권도 해.

내 말이 아직 안 끝났는데 왜 갑자기 끼어들지?

친구가 말할 때에는 끼어들면 안 돼요. 다른 사람이 말을 할 때에는 귀 기울여 들어요.

대화 내용과 관계없는 말은 하지 않아요.

1 수업 시간에 발표를 하거나 들을 때 주의할 점을 따라 쓰세요.

발표를 할 때

듣는 사람을 바라보며

알맞은 목소리 로 말해요.

발표를 들을 때

발표하는 친구의 얼굴을 보면서

바른 자세 로 들어요.

2 용이와 친구들의 대화를 살펴보고, 친구들의 말을 알맞게 따라 쓰세요.

우리 자신의 꿈 을 말해 볼까?

나는 과 학 자 가 되고 싶어.

정말 멋진 직업이지! 나는 아픈 동물을 치료해 주는

수 의 사 가 될래.

나는 화 가 가 되어

아름다운 경치를 많이 그리고 싶어.
경치: 자연이나 지역의 아름다운 모습.

 우리 모두 꿈을 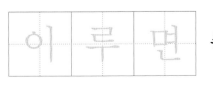 이 루 면 좋겠어!

3 뜻이 서로 반대인 낱말을 찾아 선으로 잇고, 따라 쓰세요.

신발을 | 신 | 다 | .

신발을 | 벗 | 다 | .

옷이 | 젖 | 다 | .

문을 | 닫 | 다 | .

문을 | 열 | 다 | .

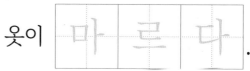

옷이 | 마 | 르 | 다 | .

4 방 안에 영이가 아끼는 물건들이 많이 있어요. 영이에게 소중한 물건이 무엇인지 생각하며 낱말을 따라 쓰세요.

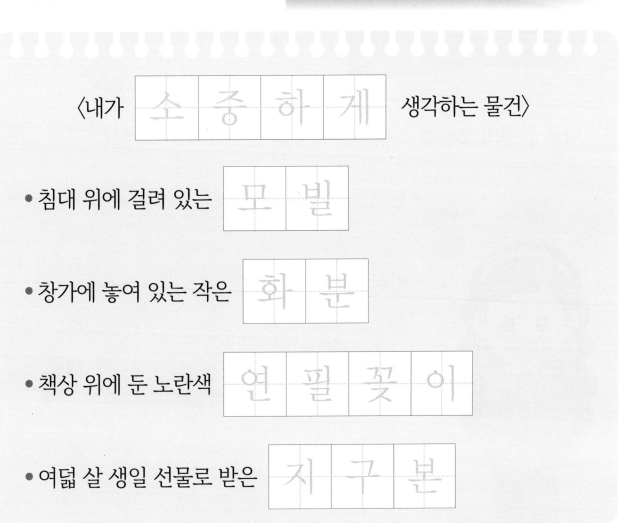

⟨내가 소중하게 생각하는 물건⟩

• 침대 위에 걸려 있는 모빌

• 창가에 놓여 있는 작은 화분

• 책상 위에 둔 노란색 연필꽂이

• 여덟 살 생일 선물로 받은 지구본

1단원 만나서 반가워요!

친구들에게 자신을 소개하기

자신을 소개하는 글에는 자신의 이름, 모습, 좋아하는 것, 잘하는 것 등을 써요. 용이가 쓴 글을 읽으며 소개하는 글을 쓰는 방법을 알아보아요.

> 안녕하세요. 저는 한용이입니다. 저는 눈이 나빠서 안경을 쓰고 다닙니다. 저는 종이접기를 좋아해서 항상 색종이를 가지고 다닙니다. 저는 그림을 잘 그립니다. 만화 주인공 그림을 그려서 친구에게 주기도 합니다.

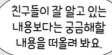
친구들이 잘 알고 있는 내용보다는 궁금해할 내용을 떠올려 봐요.

자신을 소개할 때에는 자신이 좋아하는 음식, 물건, 사람 등을 생각해요. 그리고 좋아하는 까닭도 함께 소개하면 좋아요.

1 다음 친구의 모습을 소개하는 내용을 알맞게 따라 쓰세요.

• 눈에 　쌍꺼풀　이 있어요.

• 얼굴이 　동그래요　.

• 머리가 　곱슬곱슬　해요.

• 지금은 노란색 　머리띠　를 하고

있어요.

2 영이가 찬이의 강아지를 만나러 가고 있어요. 바른 낱말을 찾아 ○표 하고, 빈칸에 알맞은 낱말을 쓰며 길을 찾아가세요.

〈내가 좋아하는 우리 집 강아지 곱슬이〉

• (몸집, 몸찝)이 작아.
• 곱슬곱슬한 털이 (마나, 많아).
• 귀가 아주 커서 얼굴을 (더퍼, 덮어).
• (노피, 높이) 뛰어오르며 나를 반겨 줘.

찬이

3 그림의 이름을 모두 포함하는 낱말을 따라 쓰세요.

피아노　　플루트　　바이올린

악 기

축구　　줄넘기　　태권도

운 동

펭귄　　토끼　　치타

동 물

운동화　　구두　　슬리퍼

신 발

4 동화책 속 인물이 자신을 소개하고 있어요. 낱말을 따라 쓰며 '나'는 누구인지 알아맞혀 보세요.

 나는 전래 동화의 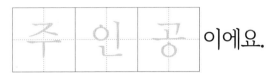 이에요.

 나는 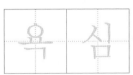 이 많고

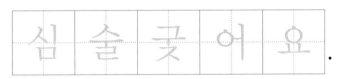 .

 나는 착한 동생을 집에서

 .

 나는  의 다리를 일부러 부러뜨렸어요.

 내 동생의 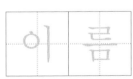 은 흥부예요.

나는 『흥부와 놀부』의  예요.

2단원 말의 재미가 솔솔

1. 말의 재미 느끼기 ①

친구들과 함께 말놀이를 하면 재미있고, 자연스럽게 여러 가지 낱말을 익힐 수 있어 좋아요. 다음의 꼬리따기 말놀이부터 다양한 말놀이를 알아보아요.

꼬리따기 말놀이는 비슷한 것을 떠올려서 말을 이어 가는 놀이예요.

사과는 빨개.

빨가면 자두.

자두는 새콤달콤.

새콤달콤하면 포도.

꼬리따기 말놀이 외에 다섯 글자 말놀이, 주고받는 말놀이, 말 덧붙이기 놀이, 끝말잇기 등 다양한 말놀이가 있어요.

1 친구에게 해 주고 싶은 말을 다섯 글자 말놀이로 하며 따라 쓰세요.

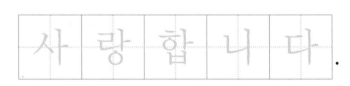

사 랑 합 니 다 .

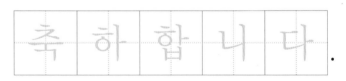

축 하 합 니 다 .

반 갑 습 니 다 .

2 오늘 점심시간에 급식으로 무엇이 나왔을까요? 각각의 맛을 생각하며 낱말을 따라 써서 말 덧붙이기 놀이를 완성하세요.

오늘 급식에는

 땅콩 멸치볶음도 있고,

 양념 닭갈비도 있고,

 애호박전도 있고,

 된장국도 있고,

 포도 주스도 있고.

3 미래 마을에는 다양한 가게가 있어요. 다음 낱말을 따라 쓰고, 무엇을 파는 가게인지 알아보세요.

이곳은 채소 가게예요.

이곳은 생선 가게예요.

각 가게에서 볼 수 있는 물건은 무엇이 있는지 생각하며 낱말을 따라 써 보세요.

카 네 이 션 장 미

구 화 백 합

이곳은 꽃 가 게 예요.

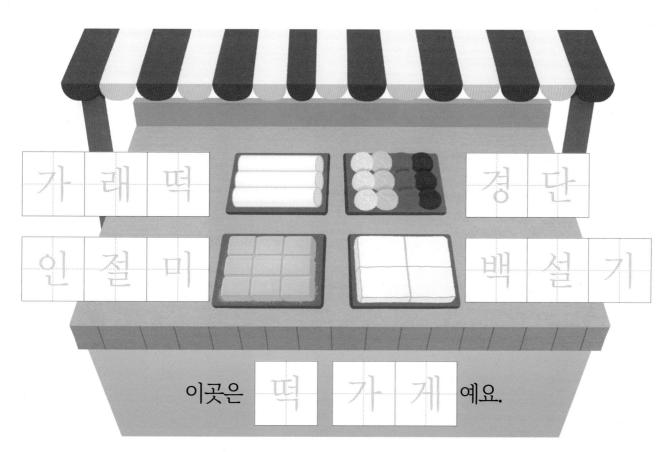

가 래 떡 경 단

인 절 미 백 설 기

이곳은 떡 가 게 예요.

 1. 말의 재미 느끼기 ②

2단원 말의 재미가 솔솔

1 끝말잇기는 앞서 말한 낱말의 끝말을 이어 말하는 놀이예요. 어떤 글자가 이어지는지 알아보고, 알맞은 낱말을 쓰며 끝말잇기 놀이를 해 보세요.

이어 말한 낱말의 첫 글자를 확인하면
앞서 말한 낱말의 끝 글자가 무엇이었는지 알 수 있어요.

	야	금

	울	가

곡	식

차	곡	차	

	수	

리	모	컨

	찰	서

망	원	경

2단원 말의 재미가 솔솔　**19**

2 주고받는 말놀이는 묻고 답하면서 말을 주고받는 놀이에요. 주고받는 말놀이를 하며 낱말을 바르게 따라 쓰세요.

하 나 는 뭐니?

모 자 하나

둘 은 뭐니?

장 갑 둘

셋 은 뭐니?

세발자전거 바 퀴 셋

넷 은 뭐니?

책상 다 리 넷

다 섯 은 뭐니?

공 기 알 다섯

3 칠판에 쓰인 낱말 가운데에서 두 개를 골라 그 낱말들로 문장을 만들고, 그림으로 나타냈어요. 빈칸에 들어갈 알맞은 낱말을 찾아 쓰세요.

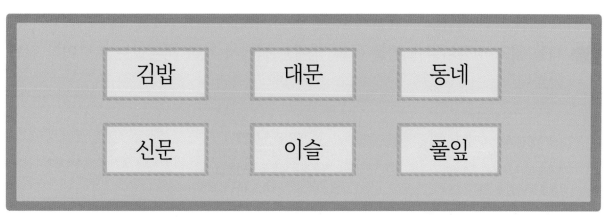

| 김밥 | 대문 | 동네 |
| 신문 | 이슬 | 풀잎 |

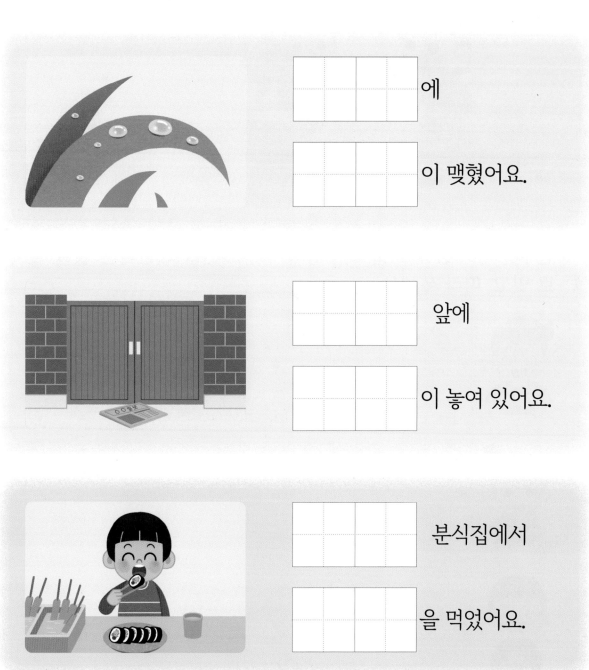

에

이 맺혔어요.

앞에

이 놓여 있어요.

분식집에서

을 먹었어요.

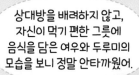

책에 대한 생각이나 느낌 나누기

책을 읽고 생각이나 느낌을 나눌 때에는 책에서 가장 재미있는 문장이나 장면을 찾아봅니다.

상대방을 배려하지 않고, 자신이 먹기 편한 그릇에 음식을 담은 여우와 두루미의 모습을 보니 정말 안타까웠어.

여우와 두루미가 '우리가 조금만 더 서로를 생각했다면 맛있게 음식을 먹을 수 있었을 텐데…….' 라고 생각한 내용이 기억에 남아.

책의 내용과 비슷한 자신의 경험을 떠올려 볼 수도 있어요. 또한 주변에서 보거나 들은 상황을 떠올려 보는 것도 좋아요.

책을 읽고 재미있었던 부분이 친구와 같을 수도 있고 다를 수도 있음을 기억해요.

1 친구들의 표정에 어울리는 생각이나 느낌을 표현하는 말을 찾아 선으로 잇고, 따라 쓰세요.

슬프다

답답하다

재미있다

2 '시원하다'의 여러 가지 뜻을 알아보고, 낱말을 따라 쓰며 알맞은 뜻의 기호에 ○표 하세요.

시원하다	㉠ 덥지도 춥지도 않고 적당하게 서늘하다.
	㉡ 음식이 속이 후련할 정도로 뜨겁다.
	㉢ 막힌 데가 없이 활짝 트여 마음이 답답하지 않다.

국물이 시원하다.

→ 이 문장에 쓰인 '시원하다'의 뜻은 무엇인가요?

(㉠, ㉡, ㉢)

바람이 시원하다.

→ 이 문장에 쓰인 '시원하다'의 뜻은 무엇인가요?

(㉠, ㉡, ㉢)

전망이 시원하다.

→ 이 문장에 쓰인 '시원하다'의 뜻은 무엇인가요?

(㉠, ㉡, ㉢)

3 그림을 살펴보고, 뜻이 서로 반대인 낱말을 따라 쓰세요.

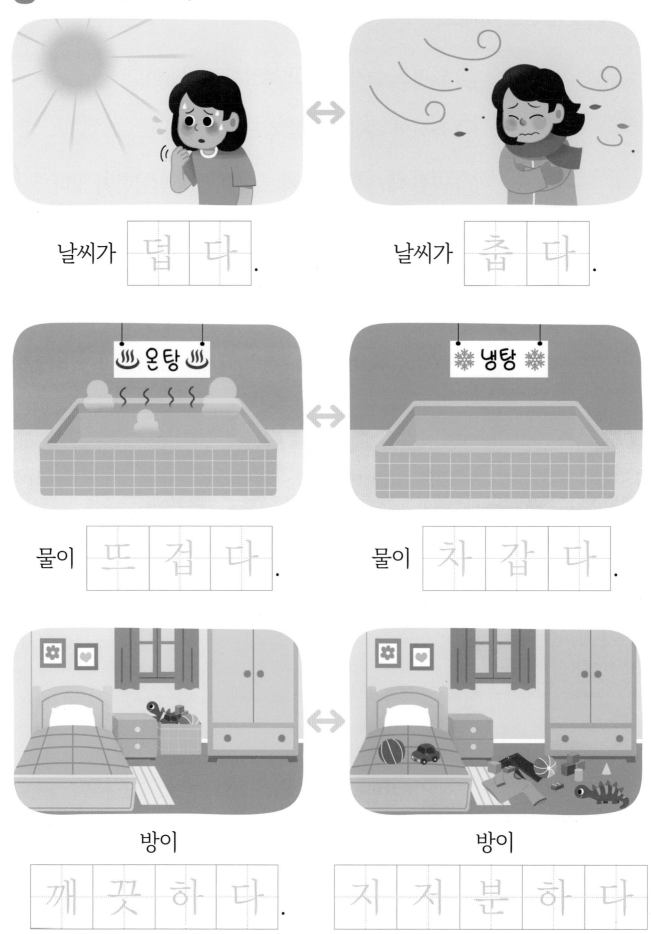

날씨가 덥 다 .

날씨가 춥 다 .

물이 뜨 겁 다 .

물이 차 갑 다 .

방이
깨 끗 하 다 .

방이
지 저 분 하 다 .

4 우리가 책을 볼 수 있는 장소는 어디인가요? 다음 그림을 보고, 친구들이 어디에서 무엇을 하는지 생각하며 낱말을 따라 쓰세요.

이곳은 어린이 | 도 | 서 | 관 | 이에요.

찬이는 소파에 앉아 | 독 | 서 | 를 해요.

민이는 읽고 싶은 책을 | 검 | 색 | 해요.

영이는 | 대 | 출 | 했던 책을 다 읽고,

대출: 돈이나 물건을 빌려주거나 빌림.

| 반 | 납 | 하고 있어요.

반납: 빌린 것이나 받은 것을 도로 돌려줌.

3단원 겪은 일을 나타내요

꾸며 주는 말을 넣어 문장 쓰고 읽기 ①

민이의 말에서 볼 수 있는 '새빨간'처럼 뒤에 오는 말을 꾸며 그 뜻을 자세하게 해 주는 말을 꾸며 주는 말이라고 해요. 꾸며 주는 말을 넣어 문장을 만들 수 있어요.

> 나무에 사과가 열렸어요.

> 나무에 새빨간 사과가 열렸어요.

> 꾸며 주는 말을 사용하면 생각이나 느낌을 좀 더 실감 나고 생생하게 표현할 수 있어요.

1 그림에 알맞은 꾸며 주는 말을 찾아 ○표 하고, 낱말을 따라 쓰세요.

(뜨거운)   (시커먼)

뜨	거	운

라면

(나풀나풀)   (동글동글)

동	글	동	글

조약돌

(보들보들)   (뾰족뾰족)

뾰	족	뾰	족

고슴도치

2 방울토마토가 자라는 과정을 살펴보고 관찰 일기를 썼어요. 다음 관찰 일기에 알맞은 꾸며 주는 말을 떠올려 보고, 낱말을 따라 쓰세요.

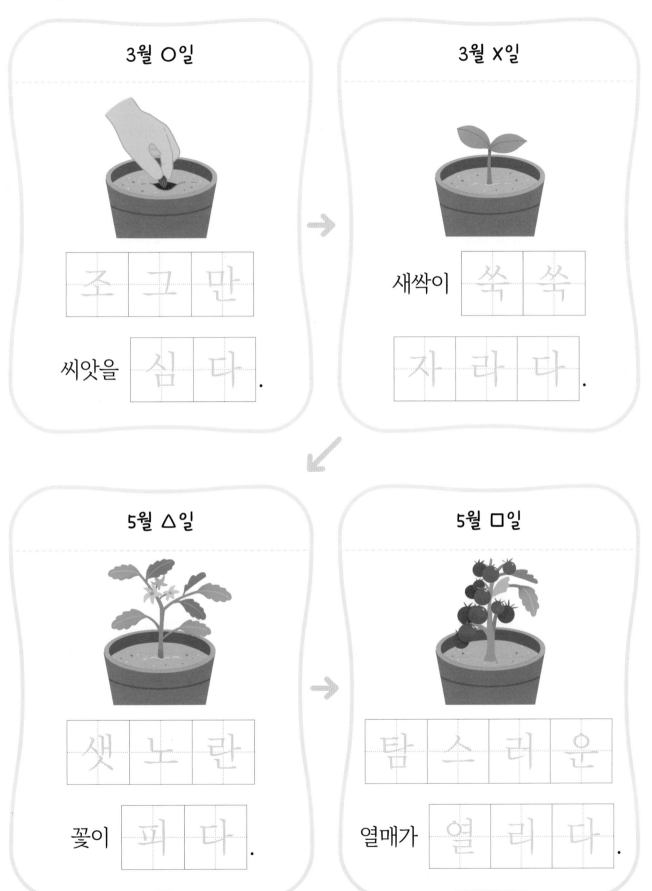

3월 ○일

조그만

씨앗을 심다.

3월 X일

새싹이 쑥쑥

자라다.

5월 △일

샛노란

꽃이 피다.

5월 □일

탐스러운

열매가 열리다.

3 '알갱이'와 '알맹이', '껍데기'와 '껍질'은 헷갈리기 쉬운 낱말이에요. 낱말의 뜻을 알아보고, 문장에 알맞은 낱말을 따라 쓰세요.

알갱이	열매나 곡식 등의 낱알.
알맹이	물건의 껍데기나 껍질 속에 들어 있는 부분.

알알이 옥수수

알 갱 이

꼭꼭 숨은 땅콩

알 맹 이

껍데기	달걀이나 조개 등의 겉을 싸고 있는 단단한 물질.
껍질	물체의 겉을 싸고 있는 단단하지 않은 물질.

딱딱한 달걀

껍 데 기

말랑말랑한 바나나

껍 질

4 다음 그림을 보고, 느낌을 나타내는 말을 따라 쓰세요.

 손에 묻은 풀이

찐	득	찐	득

해요.

 찰흙이

잘	바	닥	잘	바	닥

해요.

잘바닥잘바닥: 진흙이나 반죽 등이 물기가 많아 매우 보드랍게 진 느낌.

 귤의 겉 부분이

오	돌	토	돌

해요.

 토마토의 겉 부분이

매	끈	매	끈

해요.

1. 꾸며 주는 말을 넣어 문장 쓰고 읽기 ②

3단원 겪은 일을 나타내요

1 그림을 보고 문장을 만들었어요. 바르게 쓴 낱말을 (   )에서 찾아 ○표 하고, 낱말을 따라 쓰세요.

새가 (날개짓, 날갯짓)을 해요.

→ 날 갯 짓

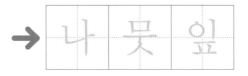

할아버지가 (나무잎, 나뭇잎)을 쓸어요.

→ 나 뭇 잎

민이가 (보라빛, 보랏빛)

한복을 입었어요.

→ 보 랏 빛

2 다람쥐가 도토리 나무 열매를 따서 바구니에 담았어요. 바른 낱말이 쓰인 열매를 찾아 ○표 하고, 그림에 알맞은 낱말을 빈칸에 쓰세요.

3 찬이네 가족이 캠핑을 갔어요. 가족들이 낮과 밤에 무엇을 했는지 살펴
보며, 꾸며 주는 말을 따라 쓰세요.

찬이와 동생이 종이비행기를  날리고 있어요.

할머니는  핀 꽃을 보고 계셔요.

아빠와 엄마는 땀을  흘리며 텐트를 설치했어요.

이제  캠핑을 시작해 보아요.

꾸며 주는 말을 사용해서 찬이네 가족이 낮과 밤에 한 일을 생생하게 나타냈어요.

신나게 놀다 보니 어느덧 밤이 되었어요.

새까만 하늘에 별들이 반짝반짝 빛나요.

가족들은 활활 타오르는 모닥불 앞에 앉아서

다 같이 오순도순 이야기를 나누어요.

3단원 겪은 일을 나타내요

자신의 생각을 담은 일기 쓰기

겪은 일 가운데에서 가장 기억에 남는 일을 인상 깊은 일이라고 해요. 영이처럼 하루 동안 겪은 일을 떠올려 보고, 그 가운데에서 가장 인상 깊었던 일을 골라 일기로 써요.

> 인상 깊은 일처럼 글의 내용이 되는 이야깃거리를 글감이라고 해요.

> 언제 어디에서 있었던 일인지, 누구와 무슨 일이 있었는지, 어떤 생각과 느낌이 들었는지 내용을 정리하여 일기를 써요.

1 찬이가 쓴 일기를 읽고, 겪은 일을 살펴보며 낱말을 따라 쓰세요.

2○○○년
4월 30일
목요일

날씨:
화창하게
맑은 날

오늘 수업 시간에 [달] [리] [기] 를 했다.

나는 너무 [긴] [장] 되고 [떨] [렸] [다] .

그래도 용기를 내서 끝까지 [달] [렸] [다] .

2 친구들이 하루 동안 겪은 일을 떠올려 보았어요. 친구들이 겪은 일 중 가장 인상 깊은 일이 무엇이었는지 생각하며, 낱말을 따라 쓰세요.

민이가 봄꽃을

관 찰 하 다 .

용이가 피아노를

연 습 하 다 .

영이가 책장을

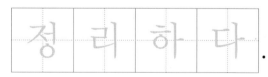

정 리 하 다 .

찬이가 미술 작품을

감 상 하 다 .

3 소리는 같지만 뜻이 다른 낱말을 따라 쓰며 알아보세요. 그리고 문장에 알맞은 그림을 찾아 선으로 이으세요.

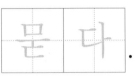

길을 | 묻 | 다 | . •

은행은 어느 쪽에 있나요?

흙이 | 묻 | 다 | . •

글씨를 | 쓰 | 다 | . •

모자를 | 쓰 | 다 | . •

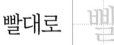

빨대로 | 빨 | 다 | . •

빨래를 | 빨 | 다 | . •

4 친구들이 놀이공원에 놀러 갔어요. 친구들의 얼굴 표정에 알맞은 낱말을 따라 쓰며 문장을 완성하세요.

 실망해서  .

 속상해서 눈물을 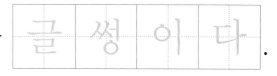 .

 풍선을 받으며 밝게  .

 무서워서 얼굴을  .

4단원 분위기를 살려 읽어요

1. 겹받침을 바르게 읽고 쓰기 ①

'끊다', '얹다', '흙' 등과 같이 서로 다른 두 개의 자음자로 이루어진 받침인 겹받침이 있는 낱말을 바르게 읽고 따라 써 보세요.

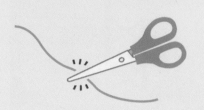

끊다[끈타]

얹다[언따]

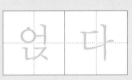

흙[흑]

'끊다', '얹다', '흙'처럼 겹받침이 있는 낱말은 글자와 소리가 달라서 읽고 쓸 때 주의해야 해요.

1 그림이 나타내는 낱말의 뜻과 발음을 생각하며 선으로 잇고, 따라 쓰세요.

 [목]

몫: 여럿으로 나누어 가지는 각 부분.

 [갑]

 [밥따]

2 그림이 나타내는 낱말을 바르게 쓴 것을 (　　)에서 찾아 ○표 하고, 빈 칸에 쓰세요.

귀를 (막다, 맑다).

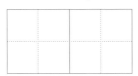

날씨가 (막다, 맑다).

의자에 (안다, 앉다).

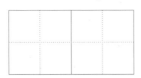

꽃다발을 (안다, 앉다).

아이를 (업다, 없다).

길에 사람이 (업다, 없다).

3 바다에 쓰레기가 모인 곳이 있다는 말을 들어 본 적이 있나요? 바다거북이 쓴 편지를 읽으며, 낱말을 따라 쓰세요.

땅에 사는 친구들에게

안녕? 난 바다거북이야. 나는 바다에 살고 있어.

요즘 바다는 플라스틱 쓰레기 가 큰 문제야.

사람들이 함부로 버리는 페트병 , 과자 봉지

등이 강을 통해 바다로 흘러들어 와서 쌓이고 있어.

얼마 전에는 내 코에도 플라스틱 빨대가 걸려서

많이 아팠어. 나와 친구들이 다시 깨끗한 바다에서 지낼

수 있도록 도와줄래?

— 쓰레기가 모인 바다에서 바다거북이

4 바다거북의 편지를 읽은 친구들이 환경을 지키기 위한 다짐을 이야기했어요. 낱말을 따라 써서 친구들의 다짐을 완성하세요.

재 활 용 을 실 천 할 거예요.

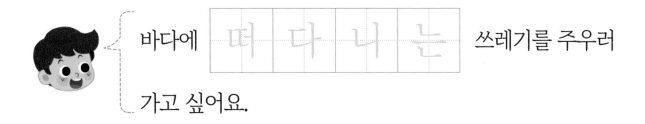

바다에 떠 다 니 는 쓰레기를 주우러 가고 싶어요.

함 부 로 쓰레기를 버리지 않을 거예요.

물건을 아 껴 서 사용할 거예요.

4단원 분위기를 살려 읽어요

1. 겹받침을 바르게 읽고 쓰기 ②

겹받침이 있는 낱말은 무엇이 있는지 생각하며 따라 써 보세요.

1 민이는 선생님께서 내주신 숙제를 다 했어요. 민이가 고쳐 쓴 답을 따라 쓰며, 겹받침이 있는 낱말의 바른 모양을 익혀 보세요.

♥ 빨간색 낱말을 빈칸에 알맞게 고쳐 쓰세요.

2학년 ○반 김민이

(1) 등에 물을 끼언따.   →

(2) 동생은 여덜 살이에요.   →

(3) 감이 덜 익어서 아주 떨따.   →

(4) 형이 놀자고 해서 정말 귀찬타.   →

(5) 일을 하고 받는 품싹은 얼마인가요?   →

2 낱말의 가려진 곳에 들어갈 받침을 찾아 ○표 하고, 빈칸에 낱말을 쓰세요.

나의 부모님은 저다.

ㄹㄱ　ㄹㄲ　ㄹㅕ　ㄹㅌ

산타가 선물을 기다.

ㄹㄱ　ㄹㄲ　ㄹㅕ　ㄹㅌ

농장에 돼지가 다.

ㄱㅅ　ㄴㅈ　ㄴㅎ　ㅂㅅ

우리 사이는 나쁘지 아다.

ㄱㅅ　ㄴㅈ　ㄴㅎ　ㅂㅅ

3 '발견하다'와 '발명하다', '가르치다'와 '가리키다'는 헷갈리기 쉬운 낱말이에요. 낱말의 뜻을 알아보고, 문장에 알맞은 낱말을 따라 쓰세요.

발견하다	아직 알려지지 않은 것을 찾아내다.
발명하다	없었던 것을 새로 만들어 내다.

탐험가가 새로운 폭포를

발	견	하	다

.

에디슨이 전구를

발	명	하	다

.

가르치다	지식이나 이치를 깨닫게 하거나 익히게 하다.
가리키다	손가락 등으로 무엇을 집어서 보이거나 알리다.

선생님께서 우리에게 한글을

가	르	치	다

.

손가락으로 시계를

가	리	키	다

.

4 사람이나 사물의 모양을 흉내 내는 말을 알아보고, 따라 쓰세요.

포 근 포 근

곰 인형

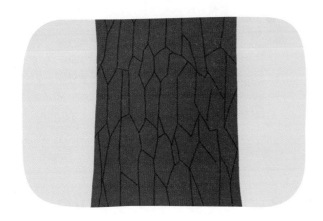

까 끌 까 끌

나무껍질

새 근 새 근

잠자는 아기

흘 끔 흘 끔

곁눈질하는 친구

4단원 분위기를 살려 읽어요

2. 작품을 분위기에 알맞게 읽기

시의 분위기를 알아보려면 다음 친구들처럼 시에서 일어나는 일이나 인물의 행동에 어울리는 몸짓을 떠올려 보아요.

산새 들새 모여 앉아 꼬박꼬박 잠자지.

시 속 인물의 마음을 생각하며 소리 내어 읽을 수도 있고, 시에 어울리는 그림을 보여 주며 읽을 수도 있어요.

그리고 친구와 시를 나누어 읽어도 좋아요.

1 친구들이 시를 읽고 떠오르는 장면을 그림으로 그려 보았어요. 느낌을 나타내는 낱말을 따라 쓰세요.

아무것도 없이

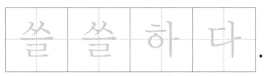

쓸쓸하다.

들판에 비친 햇살이

따뜻하다.

건물 틈에서 피어난 새싹이

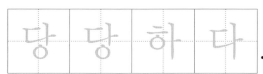

당당하다.

2 민이가 오늘의 날씨를 생각하며 한 편의 글을 썼어요. 그림과 글의 분위기를 생각하며 낱말을 따라 쓰세요.

오늘은 바람 이 많이 부는 날이에요.

쌩쌩 부는 바람에 낙엽 이 우수수 떨어지고,

현수막은 펄럭펄럭 흔들렸어요.

구깃구깃 구겨진 신문지 는

저 멀리 하늘로 날아갔어요.

사람들은 추워서 몸을 오들오들 떨었어요.

3 그림의 물건을 세는 알맞은 말을 ( )에서 찾아 ○표 하고, 빈칸에 쓰세요.

종이 두 (장, 짝)

신발 한 (장, 짝)

붓 두 (그루, 자루)

나무 세 (그루, 자루)

장미 세 (송이, 켤레)

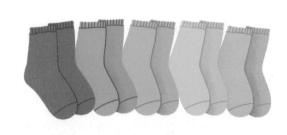

양말 다섯 (송이, 켤레)

4 우리말에 원래 있던 낱말이나 그것을 활용해 새로 만든 낱말을 토박이말이라고 해요. 토박이말을 따라 쓰고, 알맞은 그림을 선으로 이으세요.

뒷산 [마][루]에 해가

걸려 있어요.
마루: 지붕이나 산 등의 꼭대기.

친구가 우리 반에서 노래를

[으][뜸]으로 잘해요.

으뜸: 가장 뛰어난 것.

[해][거][름] 즈음의

노을이 아름다워요.
해거름: 해가 서쪽으로 넘어가는 일. 또는 그런 때.

영이가 양치를 한 뒤에

[볼][가][심]을 했어요.

볼가심: 물 등을 머금어 볼의 안을 깨끗이 씻음.

1.

5단원 마음을 짐작해요

다른 사람의 마음 짐작하기

글을 읽고 인물의 마음을 짐작할 때에는 인물에게 있었던 일을 정리합니다. 그리고 마음이 드러나는 인물의 말이나 행동을 살펴봅니다.

소영이는 아버지와 함께 자전거 타는 연습을 했어. 결국 혼자서 자전거를 타게 되었어.

소영이가 힘들었지만 열심히 연습한 행동을 보니, 포기하지 않고 노력하는 마음이 느껴져.

인물의 마음을 짐작하며 글을 읽으면 글의 내용을 더 잘 이해할 수 있고, 인물의 마음이 더 생생하게 느껴져요.

1 인물의 마음을 나타내는 낱말을 알아보고, 따라 쓰세요.

누구지?

낯설다

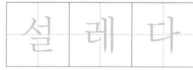
설레다

더 먹고 싶어.

아쉽다

뿌듯하다

2 친구들이 겪은 일을 보고, 어떤 마음이 들었을지 생각해 보세요. 그리고 바르게 쓴 낱말을 (   )에서 찾아 ○표 하고, 빈칸에 쓰세요.

민이는 (오랜만, 오랫만)에
피자를 먹어서 신이 났어요.

용이는 (며칠, 몇일) 전에
스케이트를 타서 즐거웠어요.

찬이는 뭐든지 잘하는 형이
(왠지, 웬지) 얄미웠어요.

영이는 공연을 보고
(손벽, 손뼉)을 치며 감동했어요.

3 예사말과 높임말을 알고, 낱말을 따라 쓰세요.

친구나 동생처럼 가깝고 편한 사이끼리 이야기할 때는 예사말을 써요. 찬이, 민이, 용이는 내 친구예요.

할머니, 할아버지와 같은 웃어른께 이야기할 때는 높임말을 써요. 공식적인 상황에서도 높임말을 쓰지요.

예사말을 사용한 문장

높임말을 사용한 문장

찬이야, 밥 먹어.

할아버지, 진지 드세요.

민이의 말 대로 했더니 문제가 풀렸어.

할아버지의 말씀 대로 했더니 문제가 풀렸어요.

용이네 집 에 놀러 갔어.

할머니 댁 에 놀러 갔어요.

네 동생 솔이는 나이 가 몇 살이니?

할머니께서는 연세 가 어떻게 되시나요?

4 민이가 집 안과 집 밖에서 강아지를 돌보는 상황을 살펴보며, 낱말을 따라 쓰세요.

집 안

강아지에게 밥과 물, 간식 을 줘요.

장난감 을 가지고 놀아 줘요.

털 을 빗고 발톱 을 깎아 줘요.

집 밖

하루에 한 번 산책 을 해요.

목줄 을 하고, 발을 맞추며 걸어요.

잊지 말고 배변 봉투도 챙겨요.

5단원 마음을 짐작해요

의미가 드러나게 띄어 읽기 ①

글을 읽을 때에는 '반듯이'와 '반드시', '때'와 '떼', '붙이다'와 '부치다'와 같이 헷갈리기 쉬운 낱말에 주의해야 해요. '느리다'와 '늘이다'도 헷갈리기 쉬운 낱말이에요.

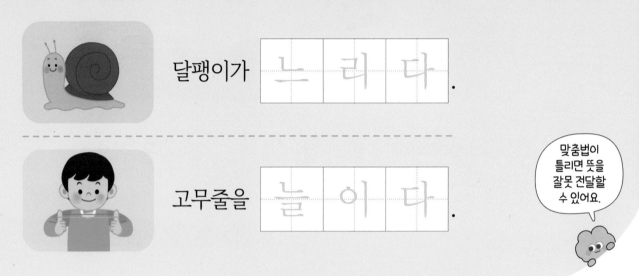

달팽이가 ｜느｜리｜다｜.

고무줄을 ｜늘｜이｜다｜.

맞춤법이 틀리면 뜻을 잘못 전달할 수 있어요.

1 친구들이 그림을 보고 문장을 만들었어요. (　　)에 들어갈 알맞은 낱말을 따라 쓰세요.

오늘 수업은 여기까지 할게요.

선생님께서 수업을 (　　　).

｜마｜치｜다｜

문제의 답을 모두 (　　　).

｜맞｜히｜다｜

왕께 보물을 (　　　).

｜바｜치｜다｜

컵을 컵 받침에 (　　　).

｜받｜치｜다｜

2 헷갈리기 쉬운 낱말을 따라 쓰며 문장을 완성하세요. 그리고 따라 쓴 낱말이 포함된 돌을 찾아 색칠하며 길을 건너 보세요.

- 친구와 **같 이** 공기 놀이를 했다.

- 아빠께서 바지를 **다 려** 주셨다.

- 넘어져서 **다 친** 무릎에서 피가 났다.

- 딸기와 설탕을 **조 려 서** 잼을 만들었다.

3 각 주방에서 일어난 일을 살펴보며, 낱말을 따라 쓰세요.

앞치마 를 두르고

머릿수건 을

해요.

체 로 밀가루를 쳐서

반죽 을 만들어요.

반드시 요리를

마치면 설거지 를

해요.

때 가 잔뜩 묻은

냄비 를 닦아요.

4 그림을 보고, 꾸며 주는 말을 따라 쓰며 문장을 완성하세요.

아기 오리가  걸어가요.

열심히 걷다 보니 땀이 송골송골 맺혀요.

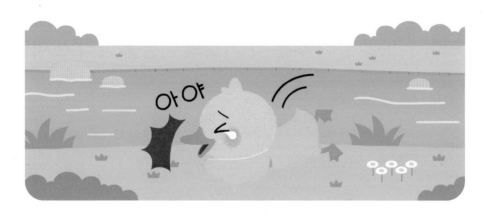

앗! 발을 헛디뎌서 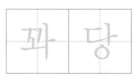 넘어졌어요.

아파서 눈물이 돌아요.

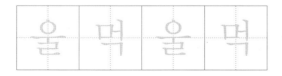 울음을 터뜨릴 것만 같아요.

5단원 마음을 짐작해요

의미가 드러나게 띄어 읽기 ②

글을 읽을 때에는 자연스럽게 띄어 읽어야 해요. 글을 띄어 읽는 위치와 방법을 알아 보아요.

새 장난감이 ∨ 생겼어요.

> ∨(쐐기표)는 조금 쉬어 읽는 것을 나타내요. '누가(무엇이)' 다음에 조금 쉬어 읽어요.

동생이 ∨ 내 장난감을 ∨ 갖고
싶어 해요.

> 문장이 너무 길면 문장의 뜻을 생각하며 한 번 더 쉬어 읽어요. '누구를 (무엇을)'과 같은 부분에서 쉬어 읽으면 되어요.

새 장난감이 ∨ 생겼어요. ⋁ 동생이 ∨
내 장난감을 ∨ 갖고 싶어 해요.

> ⋁(겹쐐기표)는 ∨(쐐기표)보다 조금 더 쉬어 읽어요. 문장과 문장 사이에서는 조금 더 쉬어 읽어요.

1 글을 띄어 읽도록 알려 주는 각 기호의 이름을 따라 쓰세요.

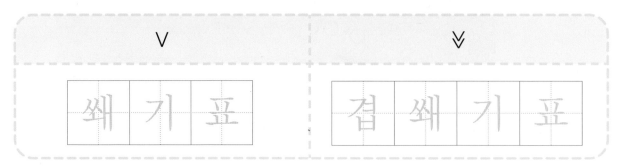

∨	⋁
쐐 기 표	겹 쐐 기 표

→ 글을 띄어 읽을 곳에 ∨와 ⋁를 해 보고, ∨와 ⋁를 한 곳에 주의하며 글을 자연스럽게 읽어 보세요.

아빠와 나는 ☐∨ 고구마를 ☐∨ 캤어요. ☐⋁ 우리 가족은 ☐∨

깨끗하게 씻은 고구마를 ☐∨ 쪄 먹었어요.

2 소리는 같지만 뜻이 다른 낱말을 따라 쓰고, 띄어 읽어 보세요.

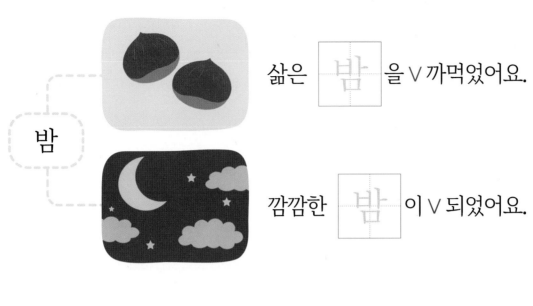

밤

삶은 [밤] 을 ∨ 까먹었어요.

깜깜한 [밤] 이 ∨ 되었어요.

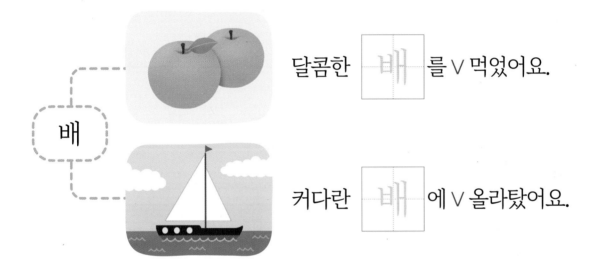

배

달콤한 [배] 를 ∨ 먹었어요.

커다란 [배] 에 ∨ 올라탔어요.

차

아빠의 [차] 에 ∨ 탔어요.

따뜻한 [차] 를 ∨ 마셨어요.

3 친구들의 표정을 나타내는 말을 찾아 선으로 잇고, 낱말을 따라 쓰세요.

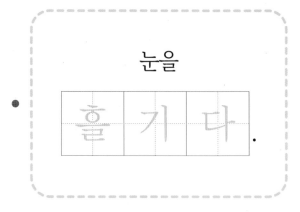

눈을

흘	기	다

.

울	상

을

짓다.

빙	그	레

웃다.

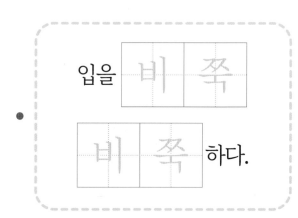

입을

비	쭉

비	쭉

하다.

4 찬이가 주말에 여행을 가려고 일기 예보를 보았어요. 낱말을 따라 쓰며, 주말의 날씨를 정리한 찬이의 메모를 완성해 보세요.

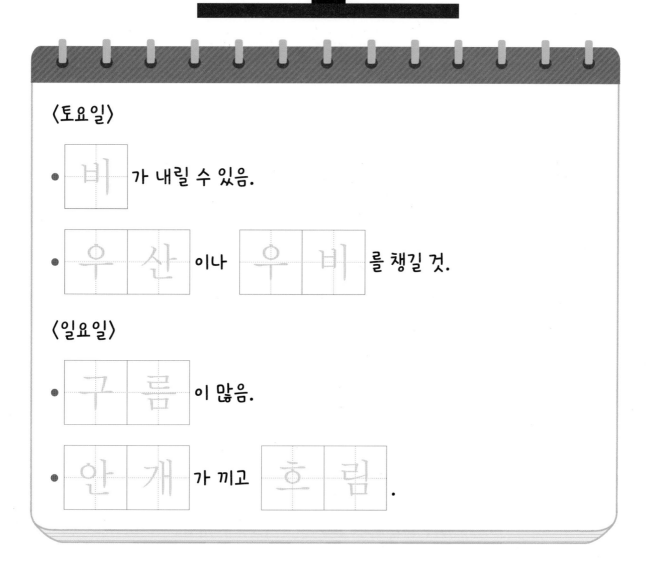

〈토요일〉

- 비 가 내릴 수 있음.

- 우산 이나 우비 를 챙길 것.

〈일요일〉

- 구름 이 많음.

- 안개 가 끼고 흐림 .

6단원 자신의 생각을 표현해요

1. 중요한 내용 찾기

글의 중요한 내용을 찾을 때에는 글의 제목을 살펴봐요. 그리고 글에서 자세히 설명하는 부분을 찾아봐요.

숲의 좋은 점

이 글의 제목은 무엇인가요?

우리에게 많은 도움을 주는 숲의 좋은 점을 소개할 거예요.

시원하고 깨끗한 공기를 마실 수 있게 해 주고, 산사태를 예방해 준다는 내용을 쓸 거예요.

글쓴이가 글을 통해 알려 주고 싶은 것은 무엇인가요?

1 찬이가 글을 읽고 중요한 내용을 정리했어요. 알맞은 낱말을 따라 써서 문장을 완성하세요.

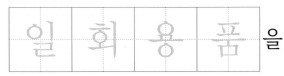
일회용품을
사용하지 않아요.

환경 보호를 위해 실천할 수 있는 일

대중교통을
이용해요.

분리배출을
바르게 해요.

2 친구들이 운동의 좋은 점에 대해 이야기를 나누고 있어요. 알맞은 낱말을 따라 써서 대화를 완성하세요.

 운동을 하면  이 늘어서

체력: 몸의 힘이나 기운.

쉽게 피곤하지 않아.

운동을 꾸준히 하면  이

많아져서 힘도 세진대.

 운동을 하면  인

생각을 하는 데도 도움이 된대.

운동을 하면 몸과 마음의  을

모두 지킬 수 있구나!

3 친구들이 모여 연날리기를 하고 있어요. 점선을 따라 연줄을 이어 보고, ( )에 들어갈 알맞은 낱말을 따라 쓰세요.

4 나무의 각 부분 이름과 하는 일을 살펴보며 낱말을 따라 쓰세요.

열매 : 꽃이 지면

열매가 자라요. 열매 안에는

씨 가 들어 있어요.

잎 : 햇빛과 이산화 탄소,

물을 이용하여

영양분 을 얻어요.

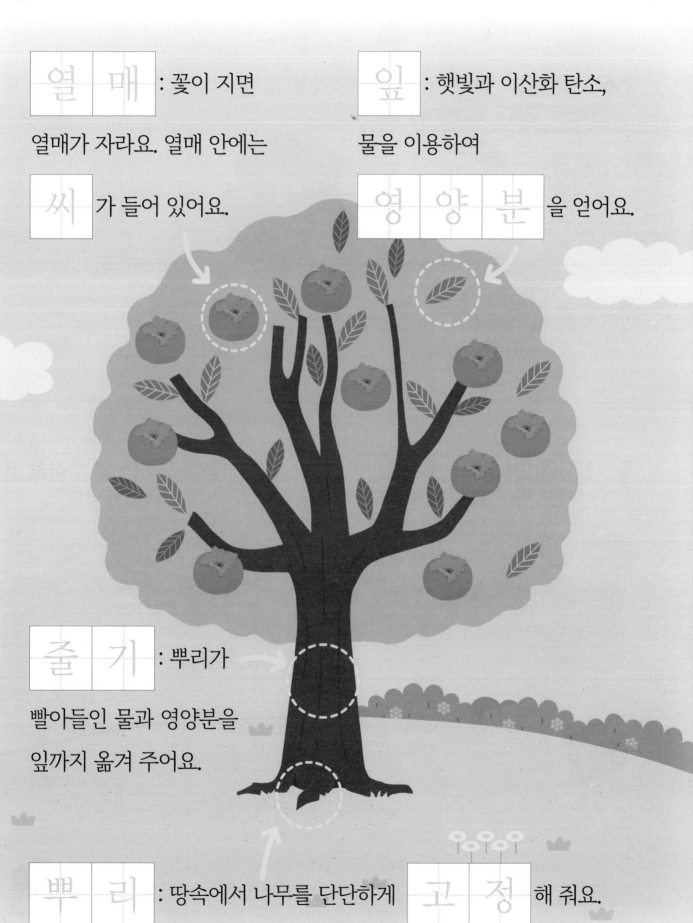

줄기 : 뿌리가

빨아들인 물과 영양분을

잎까지 옮겨 주어요.

뿌리 : 땅속에서 나무를 단단하게 고정 해 줘요.

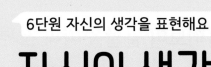

6단원 자신의 생각을 표현해요
2. 자신의 생각 표현하기 ①

글에서 인물의 생각은 인물이 한 말에서 찾아봅니다. 그리고 인물의 생각을 찾을 때에는 그 까닭도 함께 찾습니다.

내가 달나라에 가야 해. 왜냐하면 내가 숲속 마을에 대해 제일 잘 알기 때문이야.

인물의 말뿐만 아니라 인물의 행동이나 표정 등에서도 인물의 생각을 찾을 수 있지요.

1 찬이와 민이가 『금덩이를 버린 형제』 이야기를 보고 자신의 생각을 표현하고 있어요. 낱말을 따라 쓰며 두 친구의 대화를 완성하세요.

아우야, 귀한 금덩이를 왜 버리느냐?

금덩이가 생긴 다음부터 형님이 미워지고 욕심이 나서 버렸어요. 저에게는 형님이 더 소중합니다.

형님이 더 소중하다는 아우의 | 말 |과 금덩이를 버린

| 행 | 동 |을 보니 인물의 생각을 잘 알 수 있어.

나도 동생과 | 우 | 애 | 깊게 지내야겠다고 생각했어.

2 친구들이 글을 읽고 몸짓으로 자신의 생각을 표현하고 있어요. 자연스러운 문장이 되도록 어울리는 말끼리 선으로 잇고, 낱말을 따라 쓰세요.

고 개를

구 르 다.

발을

잠 기 다.

눈이

갸 우 뚱
하 다.

생 각에

휘 둥 그 레
지 다.

3 민이의 계획표를 살펴보며, 시간을 나타내는 말을 따라 쓰세요.

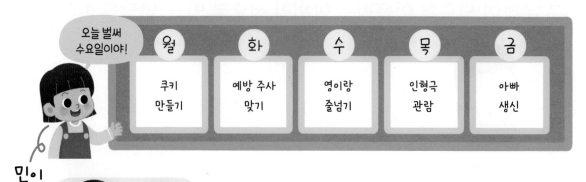

 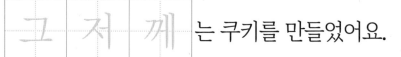

월

그 저 께 는 쿠키를 만들었어요.

그저께: 어제의 전날.

화

어 제 는 병원에서 주사를 맞았어요.

어제: 오늘의 하루 전날.

수

오 늘 은 영이와 줄넘기를 했어요.

오늘: 지금 지나가고 있는 이날.

목

내 일 은 인형극을 보러 갈 거예요.

내일: 오늘의 다음 날.

금

모 레 는 아빠의 생신이에요.

모레: 내일의 다음 날.

4 친구들이 이번 여름 방학에 가고 싶은 장소를 소개하고 있어요. 각 친구가 가고 싶은 곳과 그 까닭을 살펴보며, 낱말을 따라 쓰세요.

저는 　바　다　 에 가고 싶어요.

신나게 　수　영　 을 하고, 　모　래　놀　이　 도

하고 싶기 때문이에요.

저는 　산　 에 가고 싶어요.

　등　산　 을 하며 　상　쾌　한　 공기를 마시고,

시원한 계곡에 발을 　담　그　고　 싶기 때문이에요.

2. 자신의 생각 표현하기 ②

6단원 자신의 생각을 표현해요

1 찬이가 생일잔치에 친구들을 초대하려고 초대장을 썼어요. 초대장에 사용할 수 있는 낱말을 따라 쓰고, 초대장을 완성해 보세요.

초대장

찬이의 여덟 번째 생 일 을

기 념 하기 위해

친구들을 초 대 합니다.

많이 와서 축 하 해 주세요.

때: 20○○년 ○○월 ○○일
곳: 찬이네 집

2 여러 가지 상황을 나타낸 그림을 보고 문장으로 표현했어요. 알맞은 낱말을 (   )에서 찾아 ○표 하고, 빈칸에 쓰세요.

친구에게 편지를
(건내다, 건네다).

선생님의 말씀에 고개를
(끄더기다, 끄덕이다).

머리맡에 있는 인형을
(건드리다, 건들이다).

제 방 청소는 제가
(할게요, 할께요).

3 그림을 보고, 알맞은 낱말을 따라 써서 문장을 완성하세요.

아주 오래전부터

 에서 살았어요.

지구: 사람들이 살고 있는, 태양계의 셋째 행성.

내 동생은 나이가

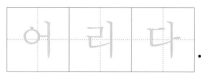 .

어리다: 나이가 얼마 되지 않다.

시간이 벌써 9시가

 넘었어요.

훨씬: 정도가 심하게 아주 많이.

뉴스는 다양한 소식을

 전해요.

생생하게: 눈에 보이는 듯 또렷하게.

우리 마을은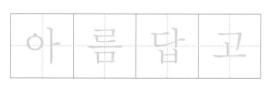

살기 좋은 곳이에요.

아름답고: 마음에 즐겁고 기쁜 느낌을 줄 만큼 예쁘고 곱고.

4 토박이말이란 예로부터 사용해 오는 우리말이에요. 자주 사용하는 다음 토박이말을 따라 쓰고, 사다리를 타고 내려가 뜻을 알아보세요.

까치밥

벗

여우비

까치와 동물들이
먹으라고 따지
않고 몇 개 남겨
두는 감.

햇볕이 있는 날
잠깐 오다가
그치는 비.

비슷한 또래로서
서로 친하게
사귀는 사람.

7단원 마음을 담아서 말해요

자신의 경험 말하기

📎 자신의 경험을 발표할 때에는 언제 어디에서 경험한 일인지 말합니다. 그리고 무슨 일을 경험했고, 그때의 생각이나 느낌은 어떠했는지 말합니다.

1 용이가 지난 주말에 경험한 일을 발표하기 위해 친구들에게 말하고 싶은 경험을 떠올리고 정리해 보았어요. 문장에 알맞은 낱말을 따라 쓰세요.

주말에 있었던 일	태권도 대회에서 금메달을 땄다.
생각이나 느낌	• 금메달을 따서 깜짝 놀랐다. • 응원해 준 가족들에게 고맙다.

2 영이가 물건의 주인을 찾아 주기 위해 아파트에 안내문을 붙였어요. 낱말을 따라 써서 영이의 말과 안내문을 완성하세요.

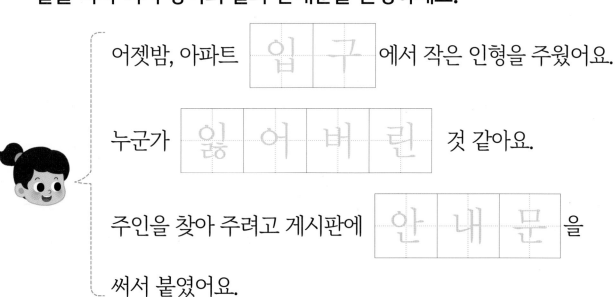

어젯밤, 아파트 입 구 에서 작은 인형을 주웠어요.

누군가 잃 어 버 린 것 같아요.

주인을 찾아 주려고 게시판에 안 내 문 을

써서 붙였어요.

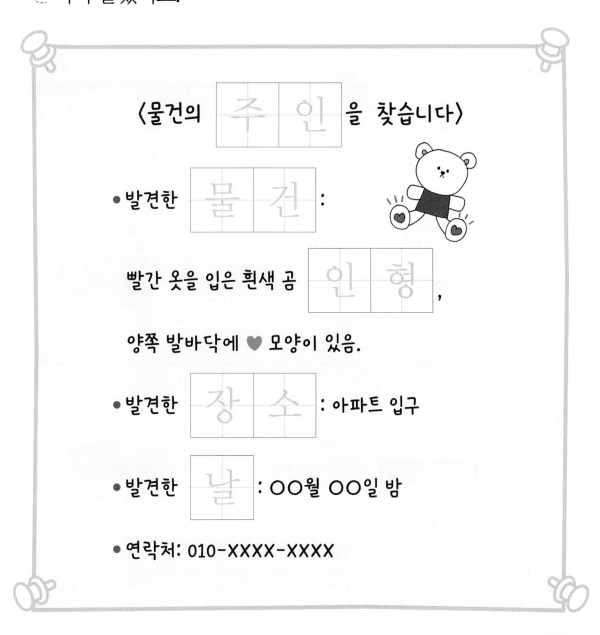

〈물건의 주 인 을 찾습니다〉

• 발견한 물 건 :

빨간 옷을 입은 흰색 곰 인 형 ,

양쪽 발바닥에 ♥ 모양이 있음.

• 발견한 장 소 : 아파트 입구

• 발견한 날 : ○○월 ○○일 밤

• 연락처: 010-XXXX-XXXX

3 그림이 나타내는 물건의 이름을 바르게 쓴 낱말을 따라 길을 찾아보고, 물건의 이름을 한 번씩 따라 쓰세요.

머	리	핀		

엘	리	베	이	터

텔	레	비	전	

초	콜	릿		

4 민이가 자신의 경험을 발표하고 있어요. 친구들 앞에서 경험을 발표하는 자세를 생각하며, 낱말을 따라 쓰세요.

듣는 사람을 바라보며,

알맞은 크기의 목소리로

또박또박 말해요.

말끝을 흐리지 않고 말하고,

상황에 어울리는 표정을 지어요.

바른 자세로 말하는 것도 잊지 마요.

2  7단원 마음을 담아서 말해요
고운 말로 이야기 나누기

고운 말로 마음을 전하고 싶은 사람을 떠올려 보고, 어떤 마음을 전하고 싶은지 생각해 보아요.

1 다음 상황에 어울리는 고운 말을 따라 쓰세요.

 다치지 않게  조 심 해 .

 그림을 망쳐서 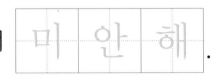 미 안 해 .

 네가 자 랑 스 러 워 .

2 낱말을 완성하기 위해 필요한 받침을 ( )에서 찾아 ○표 하고, 완성된 낱말을 빈칸에 쓰세요.

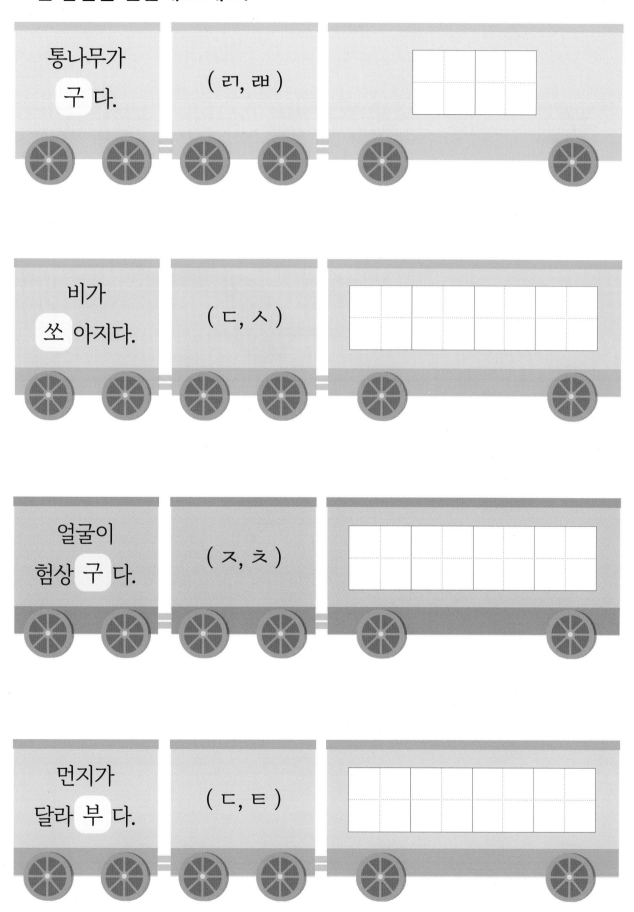

통나무가 구 다. (ㄹㄱ, ㄹㅐ)

비가 쏘 아지다. (ㄷ, ㅅ)

얼굴이 험상 구 다. (ㅈ, ㅊ)

먼지가 달라 부 다. (ㄷ, ㅌ)

3 연못이나 호수에서 볼 수 있는 여러 생물의 이름을 따라 쓰세요.

붕 어

메 기

개 구 리

부 레 옥 잠

잉 어

연 꽃

4 민이가 영이와 어떻게 친구가 되었을까요? 낱말을 따라 쓰며, 두 사람이 친구가 된 과정을 살펴보세요.

저는 일 학년 때

을 왔어요.

새로운 학교와 친구들이

.

그런데 영이가 먼저

반갑게 인사를 해 주었어요.

영이는 저에게
학교의 이곳저곳을

주었지요.

우리는

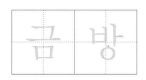
친해졌어요.

내 친구 영이가 정말 좋아요.

8단원 다양한 작품을 감상해요

시와 이야기를 감상하고 생각이나 느낌 표현하기 ①

시를 낭송하고, 시에 대한 생각이나 느낌을 나누어요. 또 이야기를 읽고 인물과 비슷한 경험을 떠올려 보고 그때 느꼈던 마음을 이야기해요.

시를 주고받으며 낭송하거나, 시에서 떠오르는 장면을 몸짓으로 표현하며 낭송할 수 있어요.

둥둥 엄마 오리

동동 아기 오리

흥부가 박을 열었을 때 금은보화가 쏟아지는 장면이 인상 깊었어.

이야기에서 기억에 남는 장면, 그 장면이 기억에 남는 까닭, 그 장면에 대한 자신의 생각을 글로 써 보아요.

1 용이가 시와 이야기를 읽고 어떤 방법으로 생각이나 느낌을 표현하였는지 생각하며, 낱말을 따라 쓰세요.

새싹이 쑥쑥

→ 시에서 떠오르는 장면을

몸	짓

으로 표현하며 낭송하기

자라에게

→ 이야기를 읽고

등장인물에게

편	지

쓰기

2 그림의 내용을 문장으로 표현하려고 해요. 알맞은 낱말을 (   )에서 찾아 ○표 하고, 빈칸에 쓰세요.

손을
(까딱, 휘휘) 저어요.

고개를
(까딱, 휘휘) 숙여요.

공이
(데굴데굴, 사뿐사뿐) 굴러가요.

집에서
(데굴데굴, 사뿐사뿐) 걸어요.

꼬리를
(살랑살랑, 폴짝폴짝) 흔들어요.

신이 나서
(살랑살랑, 폴짝폴짝) 뛰어요.

3 '한참'과 '한창', '묵다'와 '묶다'는 헷갈리기 쉬운 낱말이에요. 낱말의 뜻을 알아보고, 문장에 알맞은 낱말을 따라 쓰세요.

한참	시간이 꽤 지나는 동안.
한창	어떤 일이 가장 활기 있고 왕성하게 일어나는 때.

한 참 을
기다리다.

수영 대회가
한 창 이다.

묵다	어디에서 손님으로 머물다.
묶다	끈이나 줄 등을 매듭으로 만들다.

방학 동안 할머니 댁에서
묵 다 .

풀린 운동화 끈을
묶 다 .

4 찬이와 영이가 건널목을 건너고 있는 상황을 생각하며 낱말을 따라 쓰세요.

찬이와 영이가 에 서 있어요.

이 초록불로 바뀌기를 기다려요.

신호가 바뀌면 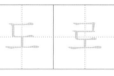에서 차가 오는지 좌우를 살펴요.

차가 완전히 한 후 길을 건너요.

길을 건널 때에는 을 높이 들어요.

1.

시와 이야기를 감상하고 생각이나 느낌 표현하기 ②

1 그림에 알맞은 움직임을 나타내는 말을 따라 쓰세요.

이모가 보낸 편지가 오기를

가	다	리	다

.

집배원 아저씨가 왔는지 창밖을

내	다	보	다

.

집배원 아저씨가 발걸음을

서	두	르	다

.

우편함에 도착한 편지를

가	져	가	다

.

2 뜻이 서로 반대인 낱말을 찾아 선으로 잇고, 따라 쓰세요.

행복하다

불행하다

여유롭다

안심되다

걱정되다

촉박하다

지루하다

흥미롭다

3 길을 따라가며 1일부터 10일까지 날짜를 세는 우리말을 따라 쓰세요.

4 쉬는 시간에 친구들이 모여 있는 모습을 살펴보며, 낱말을 따라 쓰세요.

찬이   용이   영이   민이

쉬는 시간에 친구들이 교실 뒤 편 에 모였어요.

찬이와 용이가 팔 짱 을 껴요.

영이와 민이가 어 깨 동 무 를 해요.

우리는 서로 단 짝 이지요.

우리는 모두 끈끈한 우 정 을 나누는 친구들이에요.

2 8단원 다양한 작품을 감상해요

인형극을 감상하고 생각이나 느낌 표현하기

✏️ 인형극을 볼 때는 일어난 일의 순서를 알아보고, 등장하는 인물의 말이나 행동을 살펴보고 자신의 생각이나 느낌을 말합니다.

인물의 행동을 자세히 살펴보고, 인물의 마음이 드러나는 말을 찾아보거나 목소리의 크기와 빠르기가 어떠한지 들어 보며 인형극 속 인물의 마음을 짐작해요.

형과 아우가 서로를 위하며 사이좋게 지내는 모습이 감동적이야.

1 인형극을 보고 자신의 생각이나 느낌을 문장으로 표현했어요. 낱말을 따라 써서 문장을 완성하세요.

주인공의 용기에

감탄하다.

주인공이 나쁜 괴물을 물리쳐서

통쾌하다.

2 인형극의 장면에 알맞은 낱말을 정확히 쓰면 보물 상자를 열 수 있어요. 바르게 쓴 낱말을 (   )에서 찾아 ○표 하고, 빈칸에 쓰세요.

(나그내, 나그네)가
걸어가다.

(동아줄, 동앗줄)이
내려오다.

옷을 (거꾸로, 꺼꾸로)
입다.

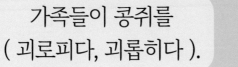

가족들이 콩쥐를
(괴로피다, 괴롭히다).

팔꿈치를
(부디치다, 부딪히다).

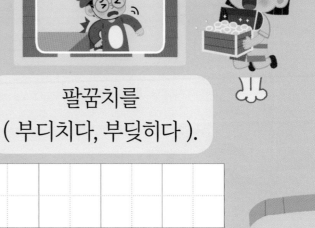

3 낱말을 따라 쓰며, 다음 인물들의 관계를 알아보세요.

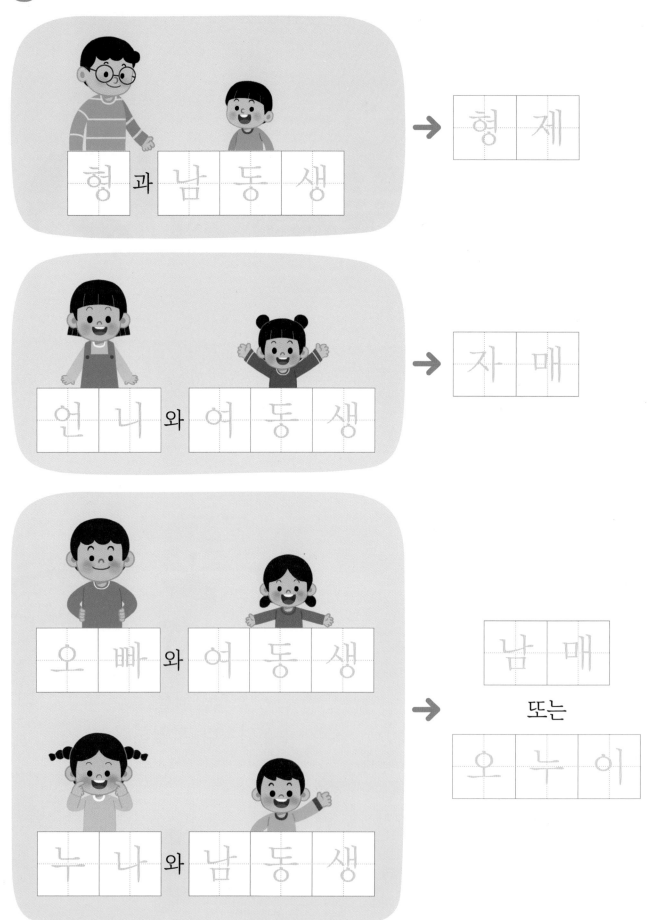

형 과 남 동 생 → 형 제

언 니 와 여 동 생 → 자 매

오 빠 와 여 동 생
→ 남 매
또는
오 누 이

누 나 와 남 동 생

4 친구들이 인형극 놀이를 하기 위해 막대 인형을 만들고 있어요. 각 친구들이 무엇을 하고 있는지 살피며 낱말을 따라 쓰세요.

 에 만들고 싶은

인형 모양을 .

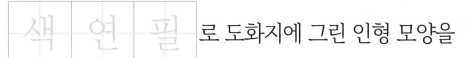 로 도화지에 그린 인형 모양을

.

가위 로 종이 인형을 .

테이프 를 이용해 종이 인형 뒤편에

막대를 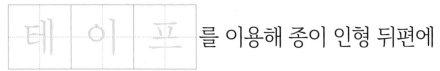.

5 음식을 만드는 여러 가지 방법에 대해 알아보며 낱말을 따라 쓰세요.

달걀을 삶 다.

고기를 볶 다.

생선을 굽 다.

호박죽을 쑤 다.

감자를 으 깨 다.

빈대떡을 부 치 다.

바른 답
모아 보기

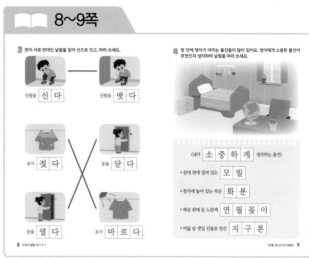

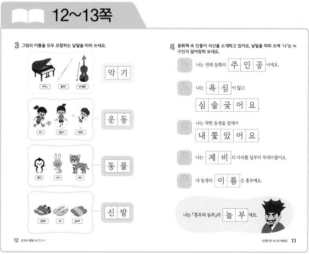

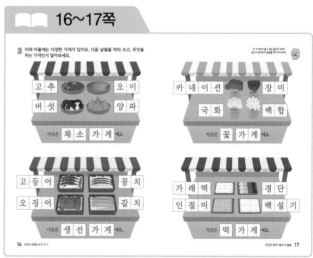

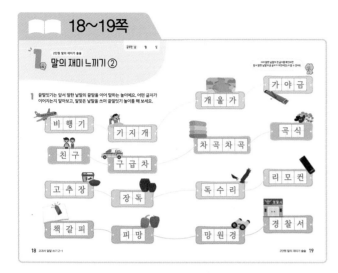

18~19쪽

말의 재미 느끼기 ②

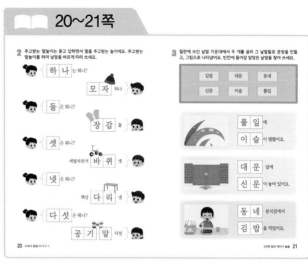

20~21쪽

22~23쪽

책에 대한 생각이나 느낌 나누기

24~25쪽

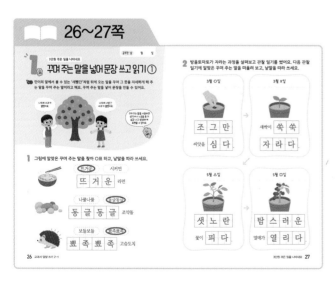

26~27쪽

꾸며 주는 말을 넣어 문장 쓰고 읽기 ①

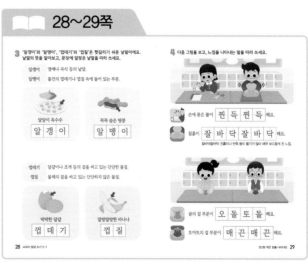

28~29쪽

30~31쪽

32~33쪽

34~35쪽

36~37쪽

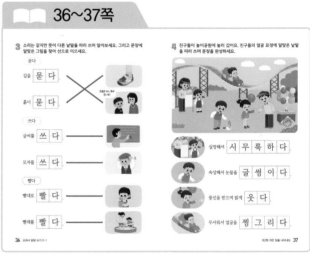

38~39쪽

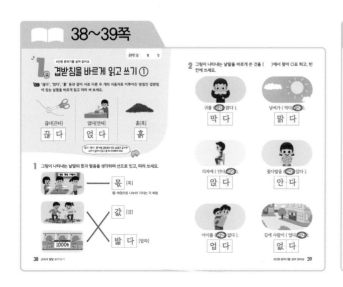

40~41쪽

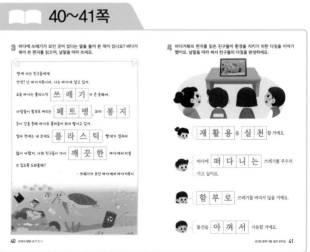

42~43쪽

1. 겹받침을 바르게 읽고 쓰기 ②

1 민이는 선생님께서 내주신 숙제를 다 했어요. 민이가 고쳐 쓴 답을 따라 쓰며, 겹받침이 있는 낱말의 바른 모양을 익혀 보세요.

▼ 빨간색 낱말을 빈칸에 알맞게 고쳐 쓰세요.
2학년 ○반 김민이

(1) 등에 물을 끼얹따. → 끼 얹 다
(2) 동생은 여덟 살이에요. → 여 덟
(3) 감이 덜 익어서 아주 떫다. → 떫 다
(4) 형이 놀자고 해서 정말 귀찮다. → 귀 찮 다
(5) 일을 하고 받는 품삯은 얼마인가요? → 품 삯

2 낱말의 가려진 곳에 들어갈 받침을 찾아 ○표 하고, 빈칸에 낱말을 쓰세요.

나의 부모님은 젊다.
ㄹㄱ [ㄹㄲ] ㄹㅁ ㄹㄴ
젊 다

산타가 선물을 옮기다.
ㄹㄱ [ㄹㅁ] ㄹㅂ ㄹㄴ
옮 기 다

농장에 돼지가 많다.
ㄱㅅ ㄴㅈ [ㄴㅎ] ㅂㅅ
많 다

우리 사이는 나쁘지 않다.
ㄱㅅ ㄴㅈ [ㄴㅎ] ㅂㅅ
않 다

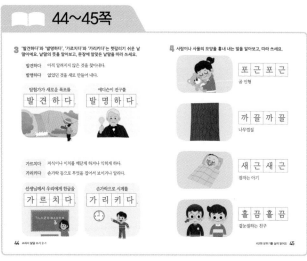

44~45쪽

3 '발견하다'와 '발명하다', '가르치다'와 '가리키다'는 헷갈리기 쉬운 낱말이에요. 낱말의 뜻을 생각하며, 문장에 알맞은 낱말을 따라 쓰세요.

발견하다   아직 알려지지 않은 것을 찾아내다.
발명하다   없었던 것을 새로 만들어 내다.

탐험가가 새로운 폭포를
발 견 하 다

에디슨이 전구를
발 명 하 다

가르치다   지식이나 이치 등을 깨닫게 하거나 익히게 하다.
가리키다   손가락 등으로 무엇을 집어서 보이거나 알리다.

선생님께서 우리에게 한글을
가 르 치 다

손가락으로 시계를
가 리 키 다

4 사람이나 사물의 모양을 흉내 내는 말을 알아보고, 따라 쓰세요.

포 근 포 근
곰 인형

까 끌 까 끌
나무껍질

새 근 새 근
잠자는 아기

흘 끔 흘 끔
곁눈질하는 친구

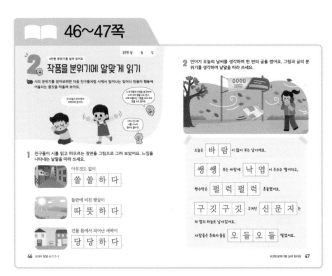

46~47쪽

2. 작품을 분위기에 알맞게 읽기

1 친구들이 시를 읽고 떠오르는 장면을 그림으로 그려 보았어요. 느낌을 나타내는 낱말을 따라 쓰세요.

아무것도 없이
쓸 쓸 하 다

들판에 비친 햇살이
따 뜻 하 다

건물 틈에서 피어난 새싹이
당 당 하 다

2 민이가 오늘의 날씨를 생각하며 한 편의 글을 썼어요. 그림과 글의 분위기를 생각하며 낱말을 따라 쓰세요.

오늘은 바 람 이 많이 부는 날이에요.
쌩 쌩 부는 바람에 낙 엽 이 우수수 떨어지고,
현수막이 펄 럭 펄 럭 흔들렸어요.
구 깃 구 깃 구겨진 신 문 지 는
저 멀리 하늘로 날아갔어요.
사람들은 추워서 몸을 오 들 오 들 떨었어요.

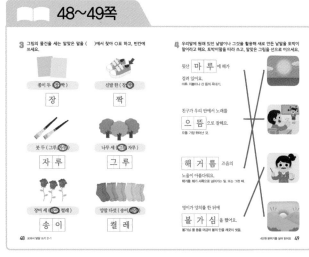

48~49쪽

3 그림의 물건을 세는 알맞은 말을 ( )에서 찾아 ○표 하고, 빈칸에 쓰세요.

종이 두 (장/짝)
장

신발 한 (장/짝)
짝

붓 세 (그루/자루)
자루

나무 세 (그루/자루)
그루

장미 세 (송이/켤레)
송이

양말 다섯 (송이/켤레)
켤레

4 우리말에 원래 있던 낱말이나 그것을 활용해 새로 만든 낱말을 토박이말이라고 해요. 토박이말을 따라 쓰고, 알맞은 그림을 선으로 이으세요.

뒷산 마 루 에 해가 걸려 있어요.

친구가 우리 반에서 노래를 으 뜸 으로 잘해요.

해 거 름 즈음의 노을이 아름다워요.

영이가 양치를 한 뒤에 볼 가 심 을 했어요.

50~51쪽

1. 다른 사람의 마음 짐작하기

1 인물의 마음을 나타내는 낱말을 알아보고, 따라 쓰세요.

낯 설 다

설 레 다

아 쉽 다

뿌 듯 하 다

2 친구들이 겪은 일을 보고, 어떤 마음이 들었을지 생각해 보세요. 그리고 바르게 쓴 낱말을 ( )에서 찾아 ○표 하고, 빈칸에 쓰세요.

민이는 (오랜만/오랫만)에 피자를 먹어서 신이 났어요.
오 랜 만

용이는 (며칠/몇일) 전에 스케이트를 타서 즐거웠어요.
며 칠

찬이는 뛰든지 잘하는 형이 (왠지/웬지) 얄미웠어요.
왠 지

영이는 공연을 보고 (손벽/손뼉)을 치며 감동했어요.
손 뼉

52~53쪽

3 예사말과 높임말을 알고, 낱말을 따라 쓰세요.

예사말을 사용한 문장

높임말을 사용한 문장

찬아, 밥 먹어.
할아버지 진 지 드세요.

민이의 말 대로 했더니 문제가 풀렸어.
할아버지의 말 씀 대로 했더니 문제가 풀렸어요.

용이네 집 에 놀러 갔어.
할머니 댁 에 놀러 갔어요.

네 동생은 나 이 가 몇 살이니?
할머니께서는 연 세 가 어떻게 되시나요?

4 민이가 집 안과 집 밖에서 강아지를 돌보는 상황을 살펴보며, 낱말을 따라 쓰세요.

강아지에게 밥과 물, 간 식 을 줘요.
집안
장 난 감 을 가지고 놀아 줘요.
털 을 빗고 발 톱 을 깎아 줘요.

하루에 한 번 산 책 을 해요.
집밖
목 줄 을 하고, 발을 맞추며 걸어요.
잊지 말고 배 변 봉투도 챙겨요.

바른 답 모아 보기 **99**

54~55쪽

56~57쪽

58~59쪽

60~61쪽

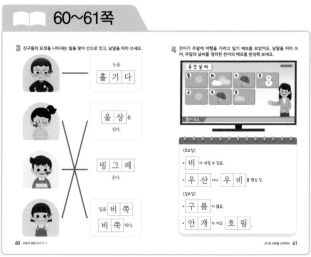

62~63쪽

64~65쪽

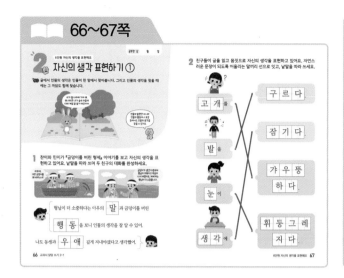

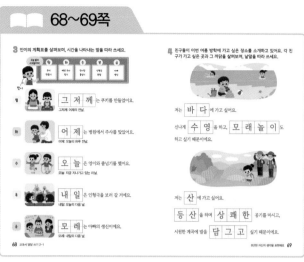

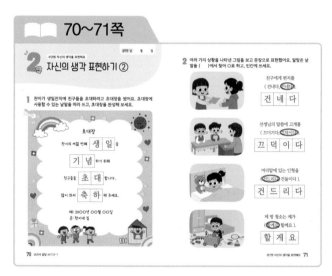

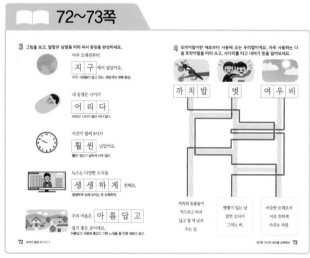

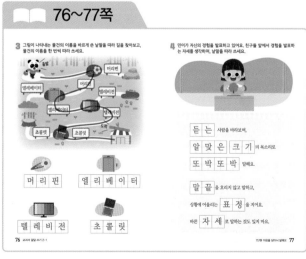

78~79쪽
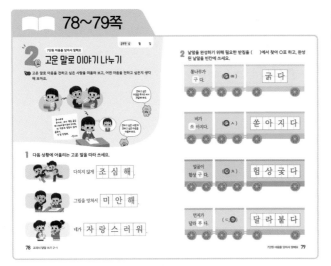

80~81쪽
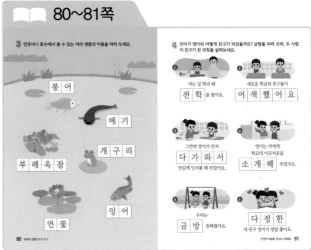

82~83쪽

84~85쪽

86~87쪽

88~89쪽
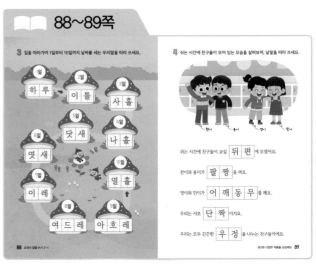

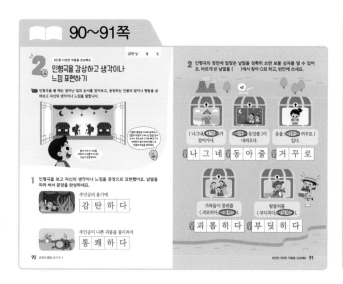

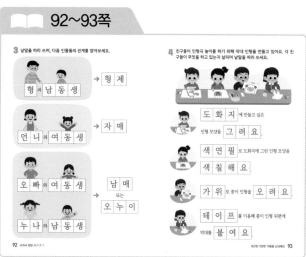

앞으로도
"초코 교과서 달달 쓰기"와
함께해요!

그려 볼까요?

✏️ 좋아하는 물건의 이름을 쓰고, 그 물건을 그려 보세요.

퍼즐 학습으로 재미있게 초등 어휘력을 키우자!

하루 4개씩
25일 완성!

어휘력을 키워야 문해력이 자랍니다.
문해력은 국어는 물론 모든 공부의 기본이 됩니다.

퍼즐런 시리즈로
재미와 학습 효과 두 마리 토끼를 잡으며,
문해력과 함께 공부의 기본을
확실하게 다져 놓으세요.

Fun! Puzzle! Learn!

재미있게!   퍼즐로!   배워요!

초코

교과서 달달 쓰기 · 교과서 달달 풀기
1~2학년 국어 · 수학 교과 학습력을 향상시키고
초등 코어를 탄탄하게 세우는 기본 학습서
[4책] 국어 1~2학년 학기별
[4책] 수학 1~2학년 학기별

미래엔 교과서 길잡이, 초코
초등 공부의 핵심[CORE]를 탄탄하게 해 주는
슬림 & 심플한 교과 필수 학습서
[8책] 국어 3~6학년 학기별, [8책] 수학 3~6학년 학기별
[8책] 사회 3~6학년 학기별, [8책] 과학 3~6학년 학기별

전과목 단원평가
빠르게 단원 핵심을 정리하고, 수준별 문제로 실전력을 키우는
교과 평가 대비 학습서
[8책] 3~6학년 학기별

문제 해결의 길잡이

원리 8가지 문제 해결 전략으로 문장제와 서술형 문제 정복
[12책] 1~6학년 학기별

심화 문장제 유형 정복으로 초등 수학 최고 수준에 도전
[6책] 1~6학년 학년별

퍼즐런

초등 필수 어휘를 퍼즐로 재미있게 익히는 학습서
[3책] 사자성어, 속담, 맞춤법

하루한장 예비 초등

한글완성
초등학교 입학 전 한글 읽기·쓰기 동시에 끝내기
[3책] 기본 자모음, 받침, 복잡한 자모음

예비초등
기본 학습 능력을 향상하며 초등학교 입학을 준비하기
[4책] 국어, 수학, 통합교과, 학교생활

하루한장 독해

독해 시작편
초등학교 입학 전 기본 문해력 익히기 30일 완성
[2책] 문장으로 시작하기, 짧은 글 독해하기

어휘
문해력의 기초를 다지는 초등 필수 어휘 학습서
[6책] 1~6학년 단계별

독해
국어 교과서와 연계하여 문해력의 기초를 다지는 독해 기본서
[6책] 1~6학년 단계별

독해+플러스
본격적인 독해 훈련으로 문해력을 향상시키는 독해 실전서
[6책] 1~6학년 단계별

비문학 독해 (사회편·과학편)
비문학 독해로 배경지식을 확장하고 문해력을 완성시키는
독해 심화서
[사회편 6책, 과학편 6책] 1~6학년 단계별

초등학교에서 탄탄하게 닦아 놓은
공부력이 중·고등 학습의 실력을 가릅니다.

하루한장 쏙셈

쏙셈 시작편
초등학교 입학 전 연산 시작하기
[2책] 수 세기, 셈하기

쏙셈
교과서에 따른 수·연산·도형·측정까지 계산력 향상하기
[12책] 1~6학년 학기별

쏙셈+플러스
문장제 문제부터 창의·사고력 문제까지 수학 역량 키우기
[12책] 1~6학년 학기별

쏙셈 분수·소수
3~6학년 분수·소수의 개념과 연산 원리를 집중 훈련하기
[분수 2책, 소수 2책] 3~6학년 학년군별

하루한장 한자

그림 연상 한자로 교과서 어휘를 익히고 급수 시험까지 대비하기
[4책] 1~2학년 학기별

하루한장 한국사

큰별★쌤 최태성의 한국사
최태성 선생님의 재미있는 강의와 시각 자료로
역사의 흐름과 사건을 이해하기
[3책] 3~6학년 시대별

하루한장 ENGLISH BITE

ENGLISH BITE 알파벳 쓰기
알파벳을 보고 듣고 따라쓰며 읽기·쓰기 한 번에 끝내기
[1책]

ENGLISH BITE 파닉스
자음과 모음 결합 과정의 발음 규칙 학습으로
영어 단어 읽기 완성
[2책] 자음과 모음, 이중자음과 이중모음

ENGLISH BITE 사이트 워드
192개 사이트 워드 학습으로 리딩 자신감 키우기
[2책] 단계별

ENGLISH BITE 영문법
문법 개념 확인 영상과 함께 영문법 기초 실력 다지기
[Starter 2책 , Basic 2책] 3~6학년 단계별

ENGLISH BITE 영단어
초등 영어 교육과정의 학년별 필수 영단어를
다양한 활동으로 익히기
[4책] 3~6학년 단계별

초등 교과서 발행사 미래엔의
교재로 초등 시기에 길러야 하는
공부력을 강화해 주세요.

하루한장

초등 국어 교과서 발행사 미래엔의

★★★★ ★★★ 문해력 향상 프로젝트

문해력의 **기본**을 다져요

1~6학년 단계별 총 6책

하루 한장 어휘로 **필수 어휘** 익히고!

❶ 학습 단계별로 필수 어휘를 선정하고 난이도를 구분하여 어휘 실력을 키워 갑니다.

❷ 독해 지문을 읽고 문제를 풀어보면서 어휘 실력을 확인합니다.

❸ 교과서 및 실생활 등에서 사용하는 어휘 활용을 익혀 문해력의 바탕을 다집니다.

1~6학년 단계별 총 6책

하루 한장 독해로 **기본 독해력**을 다지고!

❶ 초등 학습의 바탕이 되는 문해력의 기본을 다질 수 있습니다.

❷ 교과 학습 단계에 맞추어 체계적으로 실력을 키워 독해의 자신감을 기릅니다.

❸ 새 교육과정에 따라 다양한 지문과 매체 자료 등을 독해합니다.